Susa Hämmerle

Heute gehen wir zum
Kinderarzt

Mit Bildern von Kyrima Trapp

annette betz

Das ist Max.
Er hat einen bösen Husten.
Seine kleine Schwester Anna sagt:
»Du bellst wie ein knurriger Hund!«
Mama meint das auch. »Ich wollte ohnehin mit Anna
zur Vorsorgeuntersuchung«, sagt sie. »Da kann der
Kinderarzt auch gleich deinen Husten abhorchen.
Er weiß dann, wo genau der Knurrhund sitzt –
und verjagt ihn mit der richtigen Medizin.«
Mama ruft beim Kinderarzt an. Sie bekommt
einen Termin für den Nachmittag.

»Tut die Sorgenuntersuchung weh?«, fragt Anna.
»Nein«, lacht Max. »Die Vor-sor-ge-un-ter-su-chung
tut nicht weh. Höchstens wenn du auch geimpft wirst.
Dann spürst du einen klitze-kleinen Pikser.«

Max war schon öfter beim Kinderarzt.
Und er hat auch einen Arztkoffer. Den holt er jetzt.
Und dann zeigt und erklärt er Anna alle Instrumente.

Die Praxis des Kinderarztes ist nur wenige Straßen weiter.
Anna darf auf die Klingel drücken. Sie hat ein bisschen Herzklopfen.
Doch dann steht sie im Wartezimmer – und staunt und lacht.
So viele Sachen zum Spielen! Und so viele Kinder,
die überhaupt nicht krank aussehen!
Max zieht Anna zur Rutsche.

Hinter einem Pult sitzt die Arzthelferin.
Sie tippt etwas in den Computer. Dann sagt sie:
»Ein bisschen dauert's noch. Bitte nehmen Sie Platz.«
Mama blättert Zeitschriften durch. Max und Anna
probieren alle Spielsachen aus. Dann hat Max eine Idee.
Er sagt: »Ich seh, ich seh was
aus dem Arztkoffer und es ist weiß …«
Anna hat es bald entdeckt. Du auch?

Max und Anna werden aufgerufen.
Mama geht mit ihnen in den Umkleideraum.
Hier ist es warm und gemütlich.
Ein nacktes Baby strampelt auf dem Wickeltisch.
Es ist noch vor Anna und Max dran. »Müssen wir uns auch
ganz ausziehen?«, fragt Anna. »Nein«, sagt die Arzthelferin.
»Dein Bruder kann so bleiben. Und du darfst die Unterhose anbehalten.«

An der Wand hängt ein lustiger Zentimeterwurm.
Anna muss sich davorstellen. Max liest ihre Größe ab.
Dann wird Anna auch gewogen. Die Arzthelferin trägt die Maße
in den Vorsorgepass ein. »Du wirst heute auch geimpft«,
sagt sie zu Anna. Annas Herz klopft wieder schneller.
Da stupst Max sie an: »Ich seh was aus dem Arztkoffer«,
ruft er. »Es hat einen
langen Schlauch und
macht pff-pffft!«

Anna sieht sich um und lacht. Echt babyleicht,
was Max ihr da als Rätsel aufgegeben hat!

Jetzt ist es so weit: Max und Anna sind dran!
Der Kinderarzt begrüßt sie freundlich. Er ist jung und groß
mit igeligem Haar. Anna kann ihn gleich gut leiden.

Zuerst stellt er Mama ein paar Fragen.
Dann wendet er sich Anna und Max zu:
»Wer von euch beiden will zuerst?«
»Mein Bruder«, ruft Anna. »Er will immer der Erste sein!«
»Gar nicht wahr!«, sagt Max. Anna flüstert Mama etwas ins Ohr.

»Sie hat Angst vor der Impfung«, sagt Mama. »Und es würde
ihr helfen, wenn sie noch ein bisschen schauen kann.«
Das verstehen Max und der Kinderarzt.
Anna darf sich auf einen Hocker setzen. Sie schaut hierhin – sie
schaut dorthin – und entdeckt – wie viele Dinge aus dem Arztkoffer?

»Hhhh hh«, macht Max.
Er hat den Pulli hochgeschoben.
Der Kinderarzt horcht mit dem Stethoskop
seine Brust ab. »Und jetzt husten«, sagt er.
»Hchr! Hchr! Hchr!«, macht Max.
Anna muss lachen.
Ein Husten auf Befehl klingt komisch!
Sie sieht sich weiter um im Sprechzimmer.
Da sind ja noch zwei Dinge, die sie
aus dem Arztkoffer kennt!

Der Kinderarzt horcht Max auch am Rücken ab.
»Du hast eine Bronchitis«, sagt er.
»Ich verschreibe dir einen Hustensaft.
Den musst du dreimal täglich nehmen.
Dann wirst du deinen Husten bald los sein.«
»Darf Max in die Schule?«, fragt Mama.
»Zwei, drei Tage besser nicht«,
sagt der Kinderarzt.
Max findet das super!

Aber jetzt gibt es keinen Aufschub mehr für Anna.
Kein »Ich seh was aus dem Arztkoffer«-Spiel –
jetzt ist Anna dran! Sie steigt vom Hocker.
Stark und mutig fühlt sie sich.
»Als Erstes?«, fragt der Kinderarzt.
»Vor der Untersuchung?«
»Ja, als Erstes«, sagt Anna.

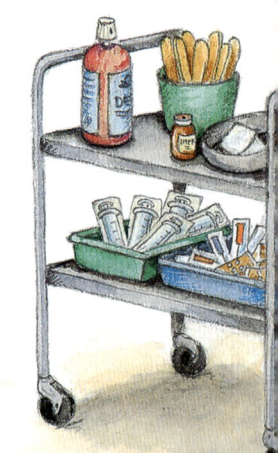

Sie streckt den Arm aus. Sie fühlt einen kühlen Wattebausch.
Sie sieht die Spritze näherkommen.
PIKS! – spürt Anna, ganz kurz und klitzeklein –
und schon ist es vorbei!
Anna lacht. Der Kinderarzt lacht. Und Mama lacht auch.
Max aber staunt mit offenem Mund.
So tapfer ist seine kleine Schwester!
So schnell war die Impfung vorbei!

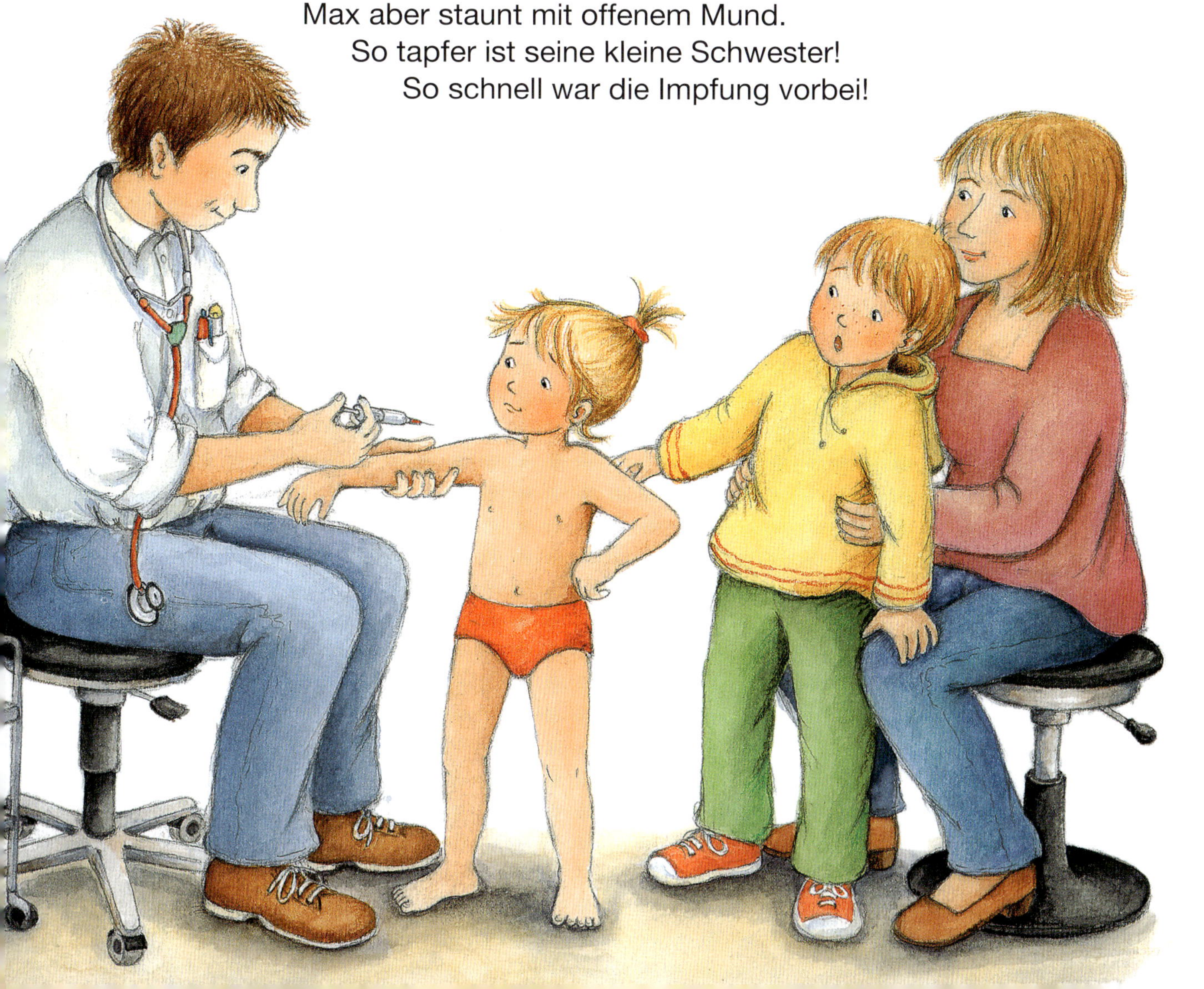

»Hhhh hh«, macht jetzt auch Anna.
Der Kinderarzt horcht sie vorne und hinten ab.
Das gehört zur Vorsorgeuntersuchung. Anna findet, es kitzelt.
»Alles in Ordnung«, sagt der Kinderarzt.
»Und jetzt streck mal die Zunge raus und sag –«
»Aaaahhh«, sagt Anna. Das kennt sie schon vom Doktorspielen.
Mit einem Holzstab drückt der Kinderarzt auf ihre Zunge.
So kann er die Mandeln sehen. Sie sind gesund, genauso
wie die Ohren, die Nase, die Augen …

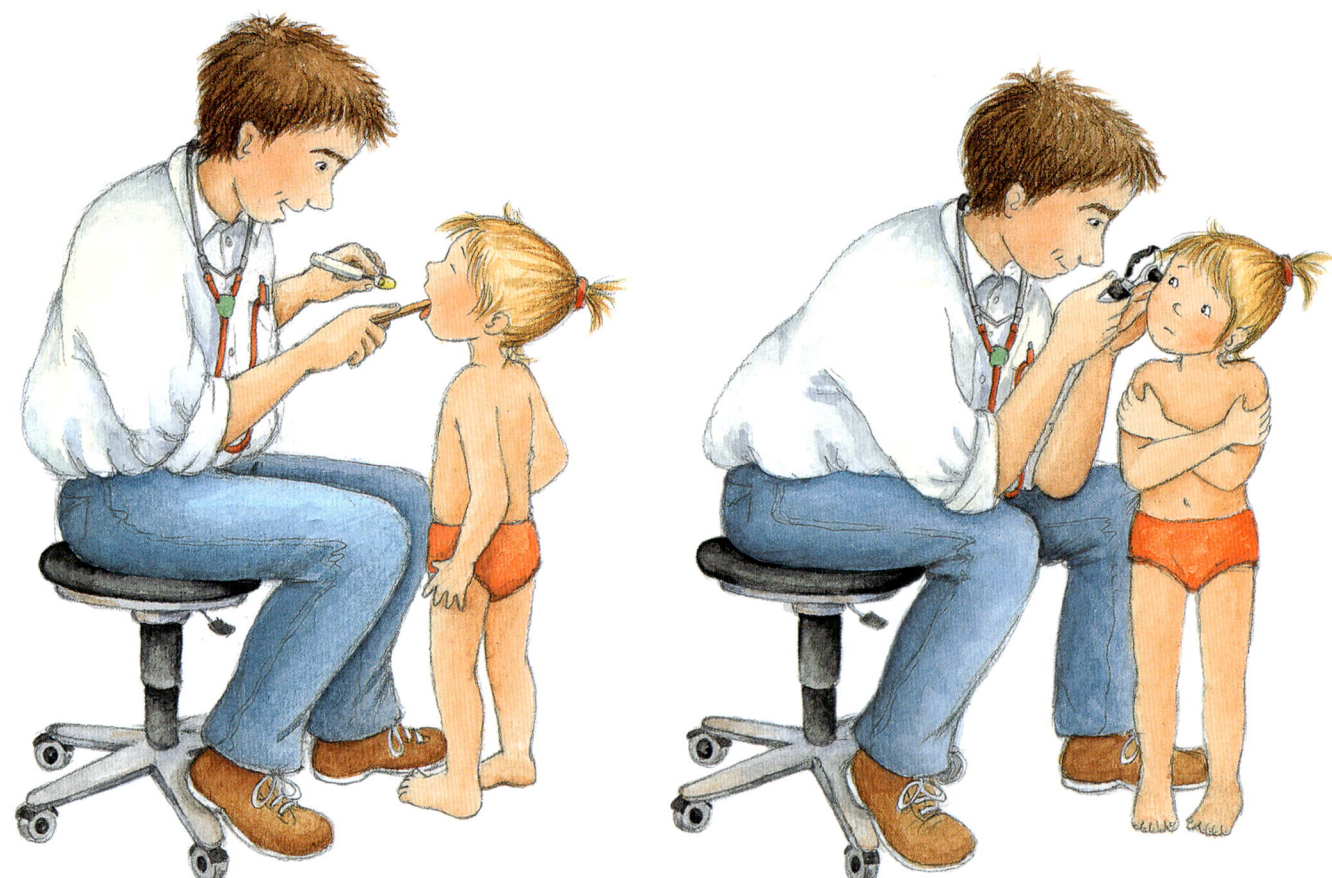

»Hihi!« Anna muss kichern. Der Kinderarzt
schlägt mit einem Hammer leicht gegen ihr Knie.
Da schnellt das Bein nach oben – ohne dass Anna etwas tut.
Der Kinderarzt erklärt ihr, dass dieses Hochschnellen »Reflex« heißt.
Dann untersucht er noch Annas Wirbelsäule, ihren Bauch
und wie sie geht und wie sie steht.

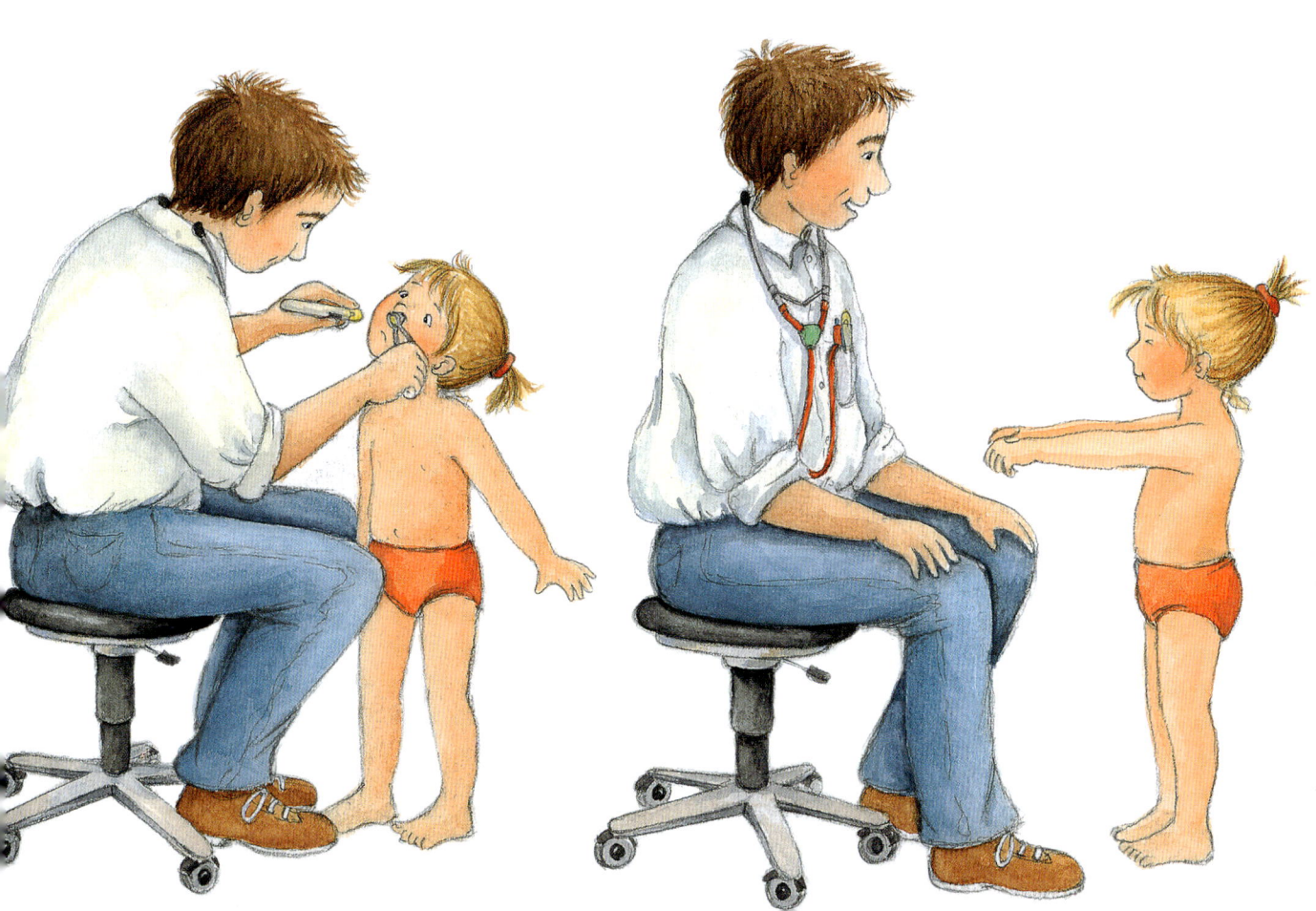

»Fertig«, sagt der Kinderarzt.
»Augen wie ein Adler. Ohren
wie ein Luchs. Keine Entzündung.
Keine Haltungsschäden. Keine Plattfüße.
Kurzum: Anna ist kerngesund.«
Anna freut sich. Mama freut sich auch.
Und Max? Max steht vor der Sehtesttafel.
Er studiert sie ganz genau.
»Wir sind feeeertig«, ruft Anna.
Der Kinderarzt schenkt ihnen zum Abschied
eine echte Spritze – ohne Nadel!
»Wir holen den Hustensaft gleich«,
sagt Mama.

In der Apotheke warten viele Leute.
Mama stellt sich mit dem Rezept an.
Max bestaunt die vielen Arzneiflaschen und Pillendosen.
»Ich weiß was für den Arztkoffer«, sagt er zu Anna.
»Da ist noch viel zu wenig drin.«
»Au ja«, ruft Anna. »Wir sammeln was dazu.
Zum Beispiel die Flasche von deinem Hustensaft,
wenn du sie leer getrunken hast!«
»Gebongt!«, ruft Max und stupst seine Schwester an.
»Bald gibt's eine leere Flasche und einen verjagten Knurrhund.«

Beim Kinderarzt gibt es viel zu sehen und zu entdecken.
Viele Dinge kennen Anna und Max aus dem Arztkoffer:

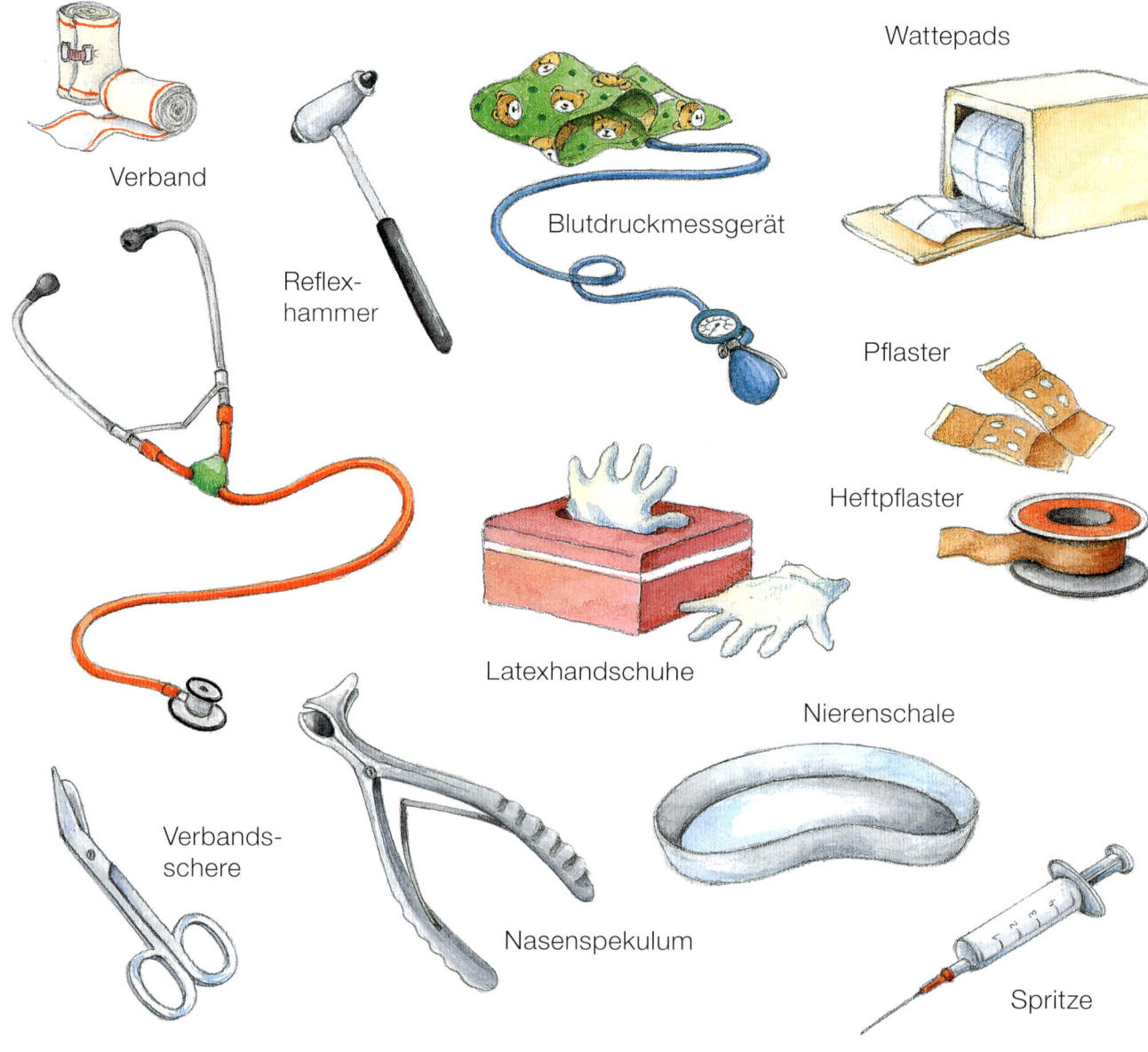

Verband

Reflex-
hammer

Blutdruckmessgerät

Wattepads

Pflaster

Heftpflaster

Latexhandschuhe

Nierenschale

Verbands-
schere

Nasenspekulum

Spritze

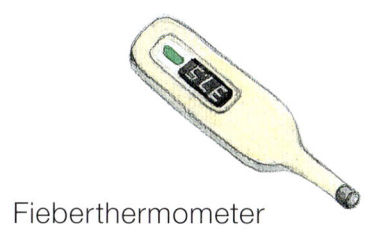
Fieberthermometer

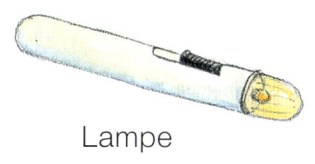
Lampe

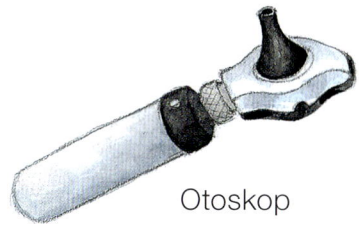
Otoskop

Viele Dinge sind nicht in Max' Arztkoffer.
Er will sie mit Anna sammeln oder sogar selber basteln.
Wo sind sie im Buch?

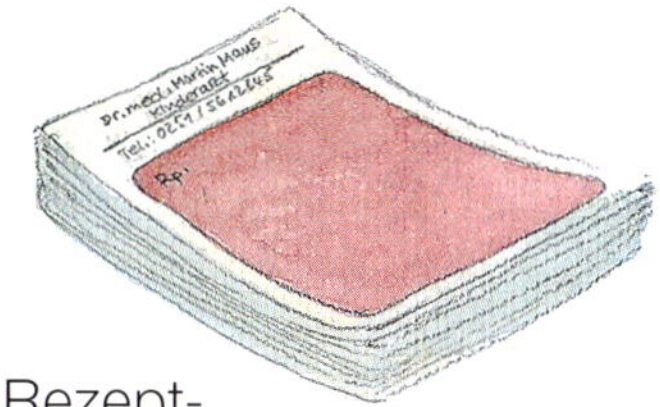

Rezept-
block

Sehtafel

Zentimeter-
wurm

Pillendose

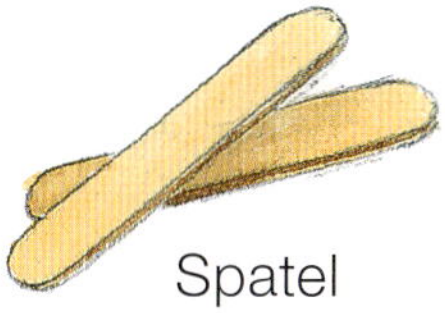

Spatel

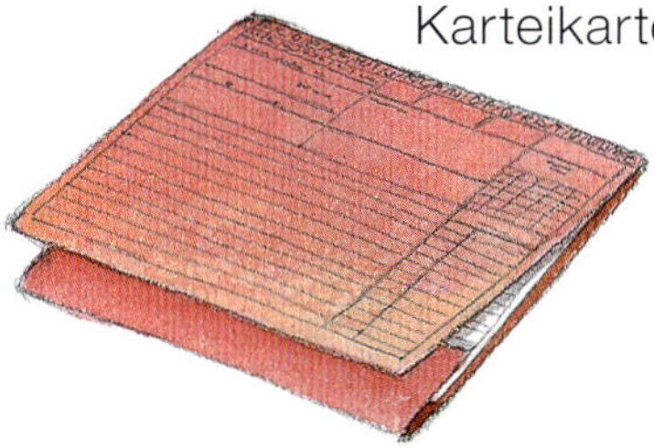

Karteikarte

Impfserum

Armschlinge

Desinfektions-
spray

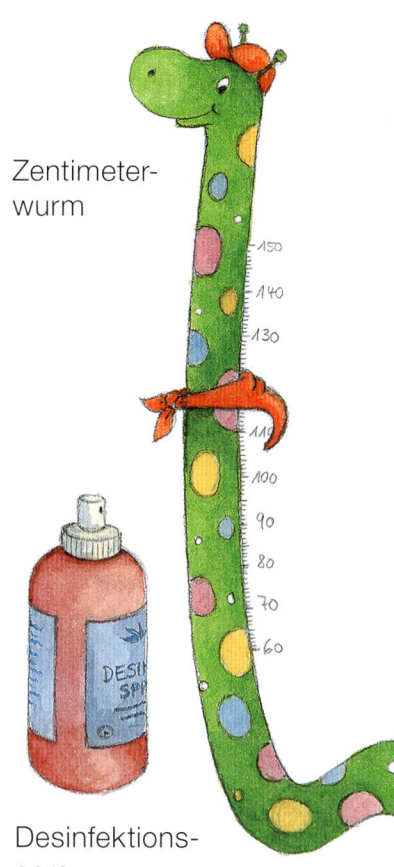